Feliz Cu

"El Partido"

"The Match'

Novel by

A.C.Quintero

ISBN: 978-1981136599
Chapter art by

J.J. Quintero

Agradecimientos

Quisiera agradecerles a todos los que han formado parte de este gran proyecto.

Agradezco a mi esposo Carlos, por ayudarme a refinar y confirmar mis ideas. Agradezco a mis estudiantes y a todos los profesores que escogieron esta novela como parte de su curso.

Esta novela no habría sido posible sin la colaboración, las palabras alentadoras y perspectivas distintas de las personas mencionadas.

Feliz Cumpleaños
"El Partido"

Capítulo 1
Feliz cumpleaños

Hoy es un día especial. Es el veintitrés de noviembre, el cumpleaños de Esteban. Esteban desayuna con su familia. Su padre es un buen **cocinero.**[1] Su padre prepara un desayuno excelente. Él también prepara un almuerzo delicioso para su hijo. Esteban **no puede**[2] esperar la hora del almuerzo.

Él llega a la escuela y habla con muchos estudiantes. Los estudiantes hablan de deportes, de videojuegos, pero nadie le dice «Feliz cumpleaños» a Esteban. Por eso, Esteban está triste.

---

[1] cook; chef

[2] can't

Está triste porque nadie le dice «Feliz cumpleaños».

Esteban entra a la clase y la profesora dice:

–Clase, hoy es un día muy especial.

Cuando Esteban escucha «Hoy es un día muy especial», **sonríe**[3] y piensa, «Finalmente, **alguien recuerda**[4] que hoy es mi día especial».

Todos los estudiantes escuchan mientras habla la profesora.

–Clase, hoy es un día especial porque es el cumpleaños de…

Esteban está feliz mientras escucha.

…Jenny –dice la profesora con mucha emoción.

---

[3] smiles

[4] someone remembers

—¡Felicitaciones Jenny! —dice un estudiante.

—¿Cuántos años tienes tú hoy? —le pregunta Cristina.

—Vamos a cantarle "Feliz cumpleaños" a Jenny —les dice la profesora a los estudiantes.

Todos los estudiantes cantan la **canción**[5] "Feliz cumpleaños."

«Feliz cumpleaños a ti, feliz cumpleaños a ti, feliz cumpleaños a Jenny. ¡Qué los cumplas feliz!»

–Gracias. ¡Estoy muy feliz! –exclama Jenny.

Ella está muy feliz porque todos los estudiantes recuerdan que hoy es su cumpleaños. Esteban espera unos minutos porque él piensa que la profesora va a decir «Clase, hoy también es el cumpleaños de Esteban».

–Clase,...perdón...Tengo muy mala memoria –dice la profesora.

---

[5] song

Esteban escucha atentamente a la profesora. Esteban **quiere**[6] escuchar «Feliz cumpleaños».

–**Saquen**[7] los proyectos sobre la identidad.

Todos los estudiantes regresan a sus asientos y la profesora no le dice «Feliz cumpleaños» a Esteban. Esteban está triste. Él piensa, «Yo no soy importante. Yo no soy especial».

---

[6] wants (to)

[7] take out

Capítulo 2
Roberto

Es la hora del almuerzo y Esteban está solo. Pero, él mira su almuerzo e inmediatamente está feliz. «**Por lo menos**[8] mi padre me prepara un almuerzo delicioso», piensa Esteban. Él tiene un sándwich de pollo con **papitas de plátano**.[9] Es su comida favorita. Esteban come el sándwich y piensa: «Mi padre es el mejor cocinero del mundo». Esteban **está a punto**[10] de comer sus papitas de plátano, cuando llega Roberto.

Roberto es un chico muy arrogante. Él es alto, fuerte y muy

---

[8] at least

[9] fried plantain chips

[10] just about to

energético; también es muy popular
en la escuela porque es un buen
futbolista. Roberto también tiene
reputación de ser un **bravucón**.[11]

   –Gracias Esteban –dice Roberto.

---

[11] bully

–¿Por qué me dices «gracias»?

–Por el **regalo**[12] –responde Roberto.

–¿Qué regalo? –pregunta Esteban.

–¡**Estas**[13] papitas de plátano! –dice Roberto. Él toma las papitas de Esteban.

–¡Son mis papitas! –exclama Esteban.

–¡No, no son tus papitas. Son mis papitas! Adiós, ¡**perdedor**![14]
Roberto mira a Esteban otra vez y le dice:

–¡Feliz cumpleaños!

Después, Roberto corre muy rápido.

Ahora, Esteban está furioso, pero no dice nada. Él es un poco

---

[12] gift

[13] these

[14] loser

tímido y no le gusta tener problemas en la escuela. También, no quiere tener problemas en el día de su cumpleaños. Él piensa en sus papitas deliciosas y piensa, «Yo **odio**[15] mi cumpleaños».

---

[15] I hate

Capítulo 3
El parque

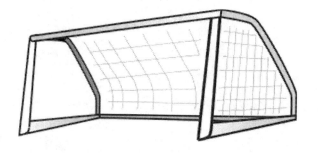

Cuando terminan las clases,
Esteban **ve**[16] a su amigo Andrés.

–Hola Esteban. ¿Cómo estás?

–Regular –dice Esteban.

–¿Regular? Pero, ¡hoy es tu
cumpleaños! ¡Feliz cumpleaños,
hermano!– le dice Andrés.

---

[16] **sees**

Andrés le canta la canción de cumpleaños:

«*Feliz cumpleaños a ti, feliz cumpleaños a ti, feliz cumpleaños a Esteban. ¡Qué los cumplas feliz!*».

Ahora, Esteban está un poco feliz.

–Gracias amigo, pero hoy no es un día muy especial –dice Esteban.

–¿Qué? ¡Tu cumpleaños es muy especial! –dice Andrés.

–**Pues**[17] mi cumpleaños no es muy especial. En clase, los estudiantes no recuerdan el día de mi cumpleaños. La profesora no recuerda el día de mi cumpleaños. Y Roberto **tomó**[18] mi almuerzo.

---

[17] well

[18] took

–¿Roberto tomó tu almuerzo **otra vez?**[19] ¡Él es un bravucón!

–Sí, él es bravucón. Toma mi almuerzo casi todos los días. El día de mi cumpleaños es horrible.

–No es muy importante. Yo soy tu amigo y, ¡yo recuerdo tu cumpleaños!–le dice Andrés.

–Tú me dices «Feliz cumpleaños», pero Cristina no me dice «Feliz cumpleaños, Esteban». Ella le dice «Feliz cumpleaños a Jenny».

–Oh, comprendo. Te gusta Cristina. ¿Cristina **sabe**[20] que hoy es tu cumpleaños?– pregunta Andrés.

---

[19] again

[20] knows

–Sí, ella sabe. Y…no me gusta Cristina. **Estoy loco por ella.**[21] Ella es una chica muy especial –dice Esteban

–**¡Así es la vida, hermano!**[22] Las chicas no tienen buena memoria. … Cristina no es importante…El fútbol es importante.

---

[21] I really like her

[22] This is life, get used to it!

¿Quieres jugar al fútbol? –pregunta
Andrés.

–**Vale**,[23] pero no tengo **un balón**[24]
–dice Esteban.

–Tal vez Roberto tiene un balón
–dice Andrés.

–¡No quiero jugar con Roberto! Él
tomó mis papitas.

–Es verdad…¡Es un bravucón!
–comenta Andrés otra vez.

Esteban y Andrés caminan
hacia el parque. **De repente,**[25]Esteban
escucha su nombre:

–¡Esteban! ¡Esteban! –grita la
persona.

Esteban mira, pero no ve a
nadie.

---

[23] ok, yes

[24] ball

[25] suddenly

–¡Esteban! ¡Esteban! –grita la
persona otra vez.

–Es Cristina– dice Esteban con
mucha emoción.

–Hola, Esteban. ¿Qué tal? –dice
Cristina.

–Regular. ¿Y tú? –responde Esteban.

–Hoy, estoy contenta –dice Cristina.

–¿Por qué estás contenta?–pregunta
Esteban.

–Pues, ¡porque es tu cumpleaños!
«*Feliz cumpleaños a ti, feliz
cumpleaños a ti, feliz cumpleaños a
Esteban. ¡Qué los cumplas feliz!*–canta
Cristina.

Esteban está muy feliz. Tiene
una sonrisa grande.

–Gracias, Cristina– dice Esteban.

–Tengo un regalo para ti– dice
Cristina.

–¿Tienes un regalo para mí? –pregunta Esteban.

–Sí, tengo un regalo para ti…Es un balón nuevo –dice Cristina.

Cristina **le da**[26] a Esteban un balón de fútbol. Andrés mira el balón y está feliz porque ellos necesitan un balón para jugar al fútbol.

---

[26] gives him

Andrés corre al parque para decirles a sus otros amigos que ellos ya tienen un balón.

–¡Gracias, Cristina! ¡Tú tienes una muy buena memoria!– exclama Esteban.

–**Claro**[27] ¡las chicas tenemos muy buena memoria! –dice Cristina.

–Tú tienes la mejor memoria Cristina –responde Esteban.

–Pues, tu cumpleaños es un día especial– responde Cristina.

–Esteban, tengo una tarjeta…

Cristina no termina su frase porque Esteban la interrumpe:

–Cristina…tú eres muy especial –dice Esteban.

Hay silencio cuando Esteban dice «Cristina, eres muy especial».

---

[27] of course

Cristina no dice nada. Cristina solo mira a Esteban. Esteban mira a Cristina.

Capítulo 4
Eres muy especial

Esteban mira a Cristina, pero ella no dice nada. Hay un silencio. Hay un silencio porque Esteban dice: «*Eres muy especial*».

En ese momento, Esteban ve a Roberto. Roberto mira a Esteban y a Cristina.

–Hola, chicos. ¿Cómo están? –dice Roberto.

Roberto tiene una sonrisa grande porque **tomó**[28] las papitas de Esteban. Cristina no dice nada. Esteban tampoco habla.

–Hola, chicos. ¿Cómo están? –repite Roberto.

---

[28] took

–Estoy mal…Y ¡**tengo hambre!**[29]
–exclama Esteban.

–¡Tus papitas **estuvieron**[30] muy
deliciosas! –dice Roberto, **chupándose
los dedos.**[31]

Roberto mira **la mano**[32] de Esteban.

–¿Qué tienes en la mano? –pregunta
Roberto.

–Es un balón –responde Esteban.

–¿Es un regalo? –pregunta Roberto.

–Sí es un regalo –confirma Esteban.

–¿Qué romántico? ¿Quién **te dio**[33]
un regalo? –pregunta Roberto,
mirando a Cristina.

---

[29] I'm hungry

[30] were

[31] licking his fingers

[32] hand

[33] gave

Cristiana no dice nada porque ella le dio el regalo a Esteban.

–¿Quién te dio ese regalo?– dice Roberto, repitiendo la pregunta.

–¡Yo!– contesta Cristina.

–¿El regalo es de ti? **Mi amor,**[34] ¡eres muy especial! ¿Ustedes son amigos? –pregunta Roberto.

–¿Mi amor? ¿Ustedes son novios? –pregunta Esteban.

–Sí, somos novios. ¿Cristina no te dice que somos novios? –pregunta Roberto, mirando a Cristina.
Ella no dice nada. Esteban mira a Cristina.

–¿Por cuánto tiempo son novios? –pregunta Esteban.

–Una semana…no mucho tiempo –dice Cristina.

---

[34] my darling

–¿Una semana? Mi amor, tú tienes amnesia. ¡Son tres semanas!

–Perdón, son tres semanas –dice Cristina.

–Mi amor, ¿por qué yo no recibo un balón el día de mi cumpleaños?... ¿Esteban es más especial que yo? –pregunta Roberto.

–Somos amigos, nada más –dice Cristina.

Esteban mira a Cristina. Después, él mira a Roberto y piensa, «¡Mi cumpleaños es horrible!».

Capítulo 5
El regalo

Roberto mira a Esteban intensamente. Después, él mira el balón. A Roberto no le gusta nada el regalo de Cristina. «Ella es mi novia», piensa Roberto. Roberto tiene una idea. Él quiere darle a Esteban una buena lección y quiere demostrarle a Cristina que él es el novio perfecto.

–¿**Qué tal**[35] un partido de fútbol en tu día especial? –propone Roberto.

Roberto sabe que él es un buen jugador de fútbol. También sabe que Esteban no juega muy bien al fútbol. Esteban acepta el **desafío**.[36]

---

[35] how about

[36] challenge

–Vale– dice Esteban con mucha confianza.

En ese momento, Roberto camina muy cerca de Esteban y le dice:

–**Cuidado amigo,**[37] Cristina es mi chica. Y ahora, ¡tu balón es mi balón! Roberto **le quita**[38] el balón a Esteban.

–¡**Dame**[39] el balón!– exclama Esteban.

–¿Tu balón? ¡Ja! Ahora, es mi balón –dice Roberto.

–Roberto, ¡eres cruel! ¡No es tu balón!– dice Esteban.

---

[37] be careful my little friend

[38] takes it from him

[39] give me

Después, Roberto camina hacia Cristina. Él **besa**[40] a Cristina en la **mejilla.**[41]

–Eres mi chica especial. ¿Comprendes? Eres mi chica especial –dice Roberto.

Cristina no dice nada. Ella está triste porque ahora Roberto tiene el regalo de Esteban.

–Quiero jugar con mi nuevo balón. **Vámonos**[42] mi amor– le dice Roberto a Cristina.

Cristina camina hacia donde está Esteban. Ella le extiende la mano a Esteban. Pero, Esteban no quiere la mano de Cristina. Él quiere un abrazo. Cristina le da la mano.

---

[40] kisses

[41] kisses her on the cheek

[42] let's get out of here

—¿Nos vemos en el parque? –dice Cristina.

—Sí, nos vemos en el parque… Roberto no es un buen novio para ti –dice Esteban.

Cuando Cristina toma la mano de Esteban, ella le da una **tarjeta**[43] de cumpleaños. Él abre la tarjeta. ¡Ella escribe un mensaje! Él lee el mensaje y reacciona:

—¿Qué?

En ese momento, Andrés, su amigo, regresa.

—¿Qué pasa con Roberto? ¿Vamos a jugar al fútbol? ¿Dónde está tu regalo?

—Roberto tiene mi balón– dice Esteban.

—¿Qué? Pero, ¿Cómo?…¿Qué tienes en la mano? –pregunta Andrés.

---

[43] card

Andrés toma rápidamente la tarjeta de Esteban.

–¡Dame la tarjeta!–exclama Esteban.

–Es una tarjeta…¿de Roberto? –pregunta Andrés.

–No es de Roberto, ¡idiota! –dice Esteban.

Andrés lee el papel y dice:

–¡Caramba!

Andrés mira a Esteban y le pregunta:

–¿Cristina te dio esto?

–Sí –responde Esteban.

–¡Qué bueno!–exclama Andrés.

–¡No es bueno! Cristina es la novia de Roberto –responde Esteban.

–¿La novia de quién? –pregunta Andrés.

–De Roberto –responde Esteban.

–¡Ja! Esta situación es muy interesante. ¡Me gusta el drama!

Andrés continúa hablando.

–Roberto tiene tu balón, y la chica que te gusta. Hoy no es un buen cumpleaños para ti.

Esteban no dice nada. Ahora, está furioso.

–Vámonos…Andrés– dice Esteban.

–¿A dónde vamos? –pregunta Andrés.

–Roberto tiene dos **cosas**[44] que quiero –dice Esteban en un tono furioso.

–**Solamente**[45] tiene tu balón… ¿verdad?– responde Andrés.

–Roberto tiene mi balón…También tiene la chica que me gusta –dice Esteban furioso–. Vámonos…¡Voy a jugar al fútbol…con Roberto!

---

[44] things

[45] only

–Pero, Roberto es buen jugador de fútbol…Y tú no juegas tan bien… –admite Andrés **en voz baja**[46].

–Es mi cumpleaños, y voy a darle una buena lección –dice Esteban.

–**Por fin**[47], ¡este es el "Esteban" que me gusta! ¡Vámonos!

---

[46] in a whisper

[47] finally

Capítulo 6
¡Quiero mi balón!

Esteban y Andrés caminan al campo de fútbol. Esteban analiza la tarjeta de Cristina. La tarjeta dice: «*Feliz cumpleaños, eres más que un buen amigo*».

Esteban y Andrés ven a Ignacio. Ignacio es el mejor amigo de Roberto.

–Hola, Esteban. ¡Hoy es tu cumpleaños!

Esteban ignora el "Feliz cumpleaños" de Ignacio.

–¿Dónde está Roberto? –pregunta Esteban.

–Está allí...¿Vas a jugar?–pregunta Ignacio.

Esteban mira a Roberto y responde:

–Sí, voy a jugar.

Esteban y Andrés entran al juego de fútbol. Esteban mira a todos **los jugadores**.[48] De repente, ve que Roberto tiene su balón. El partido continúa. Los chicos corren con el balón. Cristina mira el partido. Pero, ella no está feliz. No está feliz porque Roberto tiene el regalo de Esteban. Es un regalo muy especial.

Roberto habla con sus amigos durante el partido.

–**Pásame**[49] el balón.

Ignacio le pasa el balón a Roberto.

–¡Corre Roberto! ¡Corre Roberto! –grita Ignacio con mucha emoción.

---

[48] players

[49] pass me

Roberto corre. **Está por marcar**[50] un gol, cuando, de repente, Esteban le **quita**[51] el balón.

Esteban tiene el balón. Corre rápido y marca un gol.

–¡¡¡¡¡¡¡¡¡Gol!!!!!!!!– grita Andrés.

---

[50] score

[51] takes from him

El partido termina. El equipo de Esteban **gana**.[52] Todos hablan con Esteban.

–¡Eres un **crack!**[53]– comenta Ignacio.

–**Marcaste**[54] un gol el día de tu cumpleaños! Perfecto, ¡feliz cumpleaños!–exclama Andrés.

Pero, Roberto no está feliz. No está feliz porque él es un buen jugador de fútbol. Roberto no acepta los resultados del partido. También, Roberto está furioso porque Cristina **vio**[55] todo el partido. Roberto mira a Esteban. Él ve que Esteban está muy

---

[52] wins

[53] very good player

[54] you scored

[55] saw

feliz. También ve que Esteban celebra los resultados del partido. En ese momento, Roberto le dice a Esteban:

–¡Eres un **perdedor**![56]

Esteban ignora el comentario de Roberto. Él celebra su gol con sus amigos. Ignacio acepta los resultados del partido. Él mira el balón de Roberto.

–Roberto, me gusta tu balón… ¡Es un balón excelente!– dice Ignacio.

–Gracias, es un balón nuevo. El balón es de….

En ese momento Esteban interrumpe a Roberto:

–Es mi balón. Es un regalo de Cristina. ¡Yo quiero mi balón! Ignacio está **confundido**:[57]

---

[56] loser

[57] confused

—Cristina, ¿tu novia? ¿Por qué Cristina le dio un balón a Esteban —pregunta Ignacio.

—Esteban, eres un perdedor. Es mi balón y Cristina es mi chica—dice Roberto.

—Es mi balón…y me gusta Cristina. Tú no eres bueno para Cristina —dice Esteban.

—Yo soy bueno para Cristina. Ella es mi novia— dice Roberto.

—Sí, pero ella no quiere ser tu novia —dice Esteban.

—¿Qué dices? Estás loco. Yo soy el mejor novio para Cristina. Yo soy el **regalo**[58] perfecto para ella —dice Roberto.

—Dame el balón —ordena Esteban.

---

[58] gift

–Ahora es mi balón, Cristina es mi novia. Es un cumpleaños perfecto, ¿no? –dice Roberto con sarcasmo.

Esteban mira a Roberto. Los dos chicos están **cara a cara**.[59]

–Quiero mi balón ahora mismo. No es tu balón –dice Esteban.

En ese momento Cristina camina hacia ellos.

–Cristina, vámonos. No tengo tiempo para ese idiota– dice Roberto.

–Roberto, ¡no! Eres cruel. Esteban no es un idiota. Es mi amigo– dice Cristina.

–Él es tu amigo, pero yo soy tu novio. ¡Vámonos!–dice Roberto.

–Roberto…Yo no quiero ser tu novia–dice Cristina.

---

[59] face to face

–¿Qué? Cristina, eres muy cómica.
Ahora, vámonos– dice Roberto.

–Roberto, hablo en serio. Ya no
quiero ser tu novia–. Eres cruel,
antipático y eres un bravucón. Me
gustan las personas buenas –dice
Cristina.

Roberto mira a Cristina. Esteban
mira a Roberto. Andrés mira el balón.
En ese momento, Esteban toma su
balón.

–Es mi balón –dice Esteban.

Roberto no dice nada. Él está
sorprendido por las acciones de
Esteban. Normalmente, Esteban es un
chico muy tímido. Roberto reflexiona
sobre sus acciones. Ya no tiene el
balón. Ya no tiene una novia.

–Adiós Roberto –dice Cristina.
Esteban mira a Cristina.

–Vámonos Cristina.

Cristina mira el balón y mira a Esteban
y le dice:

«Feliz cumpleaños».

–Gracias, Cristina. Eres muy especial

–dice Esteban.

–Tú también eres muy especial.

Glossario

Abrazo- hug

Abre-s/he opens; you open

Adiós- goodbye

Alguien- someone

Almuerzo-lunch

Alto(a)- tall

Antipático(a) -mean

Asientos- seats

Balón -soccer ball

Besa- s/he kisses; you kiss

Beso- kiss

Bravuón- bully

Buen-good

Caminan-s/he walks; they walk

Camina-s/he walks

Canción- song

Cantar- to sing

Cerca- near; close by

Chica- girl

Chico- boy

Corre-s/he runs; you run

Cuándo -when

Cuánto(a)-how much; how many (sing)

Cuántos- how much; how many (pl.)

Dar- to give

Deportes -sports

Desafío- challenge

Desayuna - s/he eats breakfast

Dice-s/he says; you say

Ellos- they

Equipo- team

Escribe-s/he writes; you write

Escuchan- they write; you all write

Escucha-s/he listens; you listen

Esperar- to wait

Está-s/he is; you are

Estoy- I am

Estuvieron- they were; you all were

Feliz- happy

Fuerte- strong

Gusta -s/he likes; you like

Habla-s/he speaks; you speak

Hacia- toward

Hijo- son

Hora- hour

Hoy- today

Jugador- sports player

Jugar- to play

Lee-s/he read; you read

Llega- s/he arrives; you arrive

Malo(a)- bad; evil

Mano-hand

Marca- s/he scores; you score (a goal)

Mejor- best; better

Mientras- while

Mira-s/he; you look

Mirando- looking

Nada-nothing

Nadie- no one

Nombre- name

Novio- boyfriend

Novia- girlfriend

Odio- I hate

Padre -father

Parque- park

Partido- game

Pasa-s/he passes (the ball) it happens

Perdedor- loser

Pero- but

Piensa-s/he thinks; you think

Poco- little

Porque- because

Por qué- why

Pregunta -s/he asks; you ask

Qué tal- what's up?

Quieres- you want; do you want

Quita- s/he takes away; you take away

Recuerdan- they remember; you all remember

Regalo- gift

Regresan -they return; you all return

Regresa- s/he returns; you return

Sabe- s/he knows; you know

Semana- week

Sobre- on; about

Somos -we are

Son-they are; you all are

Sonríe- s/he smiles; you smile

Sonrisa -smile

También- also

Tampoco- neither

Tarjeta- letter

Tener- to have

Terminan- they finish; you all finish

Tienes -you have; do you have

Todos- all; everyone

Triste- sad

Ustedes- you all

Vamos- we go

Vas- you go

Veintitrés- 23

Vemos -we see

Ven -you all see

Ve-s/he sees

Vida-life

Videojuegos-video games

Voy- I go

¡Gracias por leer!

A. C. Quintero

Check out more titles!

Spanish Novels
For
Lower-Levels

Simple Language

Compelling storylines

LA CLASE DE CONFESIONES

Carlos is secretly in love with a girl in his Spanish class. However, when the teacher finds out about his classroom "crush," he tries to "play match-maker," and his efforts are disastrous. Carlos has to navigate awkward moments, a nosy teacher, and his own self-confidence to avoid making the ultimate confession... and he's not the only one!

LA BELLA MENTIRA

Carlos leaves Spanish class utterly embarrassed, and his day goes downhill from there. From technical issues with his cellphone, to a sarcastic math teacher, he just doesn't get a break. Carlos is given one more chance to make things right...but, he messes that up too! Now, the advice of his friend could make or break his love life. Find out in part 2!

Feliz Cumpleaños

It's Esteban's birthday, but he can hardly get a break. First, his teacher forgets his birthday, and then Roberto, the bully is determined to destroy his special day. Esteban has to find the courage to stand up for himself, on this birthday!

Spanish Novels For Upper-Levels

Comprehensible Language

Compelling storylines

Camilo, one of the sweetest boys in Buena Vista, is wearing a mask. His girlfriend discovers his double life; but, he isn't the only one with compromising secrets. His house harbors a bigger secret that has haunted the town for years. "Las apariencias engañan" reveals the timeless truths that: things are never what they seem.

We've all heard the old adage, "If you play with fire, you will get burned." But some teens like to test the flames... Camilo is one of them. As his mask slowly starts to crack, his grip on reality is slipping away, and the door to his "closet" slowly opens, revealing fragments of his secret life and that of his family's. "El Armario" affirms that no one is perfect and we all have skeletons in the closet... But some bones are bigger than others.

Can an obsession with technology, turn deadly? Well, these techy teens are about to find out. Federico and his friends have an insatiable desire to "capture" and "record" every memorable moment. However, not all memories are created equal, and these boys are about to discover this harsh reality. Find out in "El Escape".

14304409R00032

Made in the USA
Lexington, KY
06 November 2018